卞尺丹几乙し丹卞と

Translated Language Learning

The Nightingale and the Rose

Соловей і троянда
Oscar Wilde

English / українська

Copyright © 2022 Tranzlaty
All rights reserved.
ISBN: 978-1-83566-005-8
Original text by Oscar Wilde
The Nightingale and the Rose
Written in 1888 in English
www.tranzlaty.com

The Nightingale and the Rose
Соловей і троянда

'She said that she would dance with me if I brought her red roses'
'Вона сказала, що танцюватиме зі мною, якщо я принесу їй червоні троянди'
'but in all my garden there is no red rose' cried the young Student
'але в усьому моєму саду немає червоної троянди' закричав молодий Студент
from her nest in the holm-oak tree the nightingale heard him
з її гнізда в холм-дубі соловей почув його
and she looked out through the leaves, and wondered
і вона визирнула крізь листя, і здивувалася

'No red rose in all my garden!' he cried
'Немає червоної троянди в усьому моєму саду!' — закричав він
and his beautiful eyes filled with tears
і його прекрасні очі, наповнені сльозами,
'On what little things does happiness depend!'
'Від яких дрібниць залежить щастя!'
'I have read all that the wise men have written'
'Я прочитав усе, що написали мудреці'
'and all the secrets of philosophy are mine'
'і всі таємниці філософії мої'
'yet for want of a red rose my life is made wretched'
'але за бажання червоної троянди моє життя стає жалюгідним'
'Here at last is a true lover' said the nightingale
'Ось нарешті справжній коханець' сказав соловей

'Night after night have I sung of him, though I knew him not'
'Ніч за ніччю я співав про нього, хоч і не знав його'
'Night after night have I told his story to the stars'
'Ніч за ніччю я розповів його історію зіркам'
'and now I see him'
'а тепер я його бачу'

'His hair is as dark as the hyacinth-blossom'
'Його волосся темне, як гіацинт-цвіт'
'and his lips are as red as the rose of his desire'
'а губи його червоні, як троянда його бажання'
'but passion has made his face like pale Ivory'
'але пристрасть зробила його обличчя схожим на бліду Слонову Кістку'
'and sorrow has set her seal upon his brow'
'і смуток поставив її печатку на його брову'

'The Prince has organized a ball tomorrow' said the young student
'Князь завтра влаштував бал' сказав молодий студент
'and my love will be there'
'і моя любов буде там'
'If I bring her a red rose, she will dance with me'
'Якщо я принесу їй червону троянду, вона буде танцювати зі мною'
'If I bring her a red rose, I will hold her in my arms'
'Якщо я принесу їй червону троянду, я буду тримати її на руках'
'and she will lean her head upon my shoulder'
'і вона спере голову мені на плече'
'and her hand will be clasped in mine'
'і її рука буде затиснута в моїй'

'But there is no red rose in my garden'
'Але в моєму саду немає червоної троянди'
'so I will sit lonely'
'так я буду сидіти самотньо'
'and she will go past me'
'і вона пройде повз мене'
'She will have no heed of me'
'Вона не прислухається до мене'
'and my heart will break'
'і моє серце розіб'ється'

'Here indeed is the true lover' said the nightingale
'Ось і справді справжній коханець, — сказав соловей
'What I sing of he suffers'
'Те, що я співаю про нього, страждає'
'what is joy to me is pain to him'
'що для мене радість, так це біль для нього'
'Surely love is a wonderful thing'
'Звичайно, любов - це чудова річ'
'love is more precious than emeralds'
'любов дорожча за смарагди'

'and love is dearer than fine opals'
'а любов рідніша за тонкі опали'
'Pearls and pomegranates cannot buy love'
'Перли і гранати не можуть купити любов'
'nor is love sold in the market-place'
'і любов не продається на ринку'
'love can not be bought from merchants'
'любов не можна купити у торговців'
'nor can love be weighed on a balance for gold'
'і любов не може бути зважена на балансі для золота'

'The musicians will sit in their gallery' said the young student
'Музиканти сидітимуть у своїй галереї' сказав молодий студент
'and they will play upon their stringed instruments'
'і вони будуть грати на своїх струнних інструментах'
'and my love will dance to the sound of the harp'
'і моя любов буде танцювати під звуки арфи'
'and she will dance to the sound of the violin'
'і вона буде танцювати під звуки скрипки'
'She will dance so lightly her feet won't touch the floor'
'Вона буде танцювати так легко, що її ноги не торкнуться підлоги'

'and the courtiers will throng round her'
'і придворні будуть об'їжджати її'
'but she will not dance with me'
'але вона не буде танцювати зі мною'
'because I have no red rose to give her'
'тому що у мене немає червоної троянди, щоб дати їй'
he flung himself down on the grass
він кинувся на траву,
and he buried his face in his hands and wept
і він закопав своє обличчя в руки і заплакав
'Why is he weeping?' asked a little Green Lizard
'Чому він плаче?' запитав маленький Зелений Ящір
while he ran past with his tail in the air
поки він пробіг повз з хвостом у повітрі,
'Why indeed?' said a Butterfly
'Чому справді?' сказав Метелик
while he was fluttering about after a sunbeam
поки він пурхав після сонячного промінчика,

'Why indeed?' whispered a daisy to his neighbour in a soft, low voice
'Чому ж справді?' прошепотіла ромашка сусідові м'яким, тихим голосом

'He is weeping for a red rose' said the nightingale
'Він плаче за червоною трояндою' сказав соловей
'For a red rose!?' they exclaimed
'За червону троянду!?' вигукнули вони
'how very ridiculous!'
'як дуже смішно!'
and the little Lizard, who was something of a cynic, laughed outright
а маленька Ящірка, яка була чимось на зразок циніка, відверто засміялася

But the nightingale understood the secret of the student's sorrow
Але соловей зрозумів таємницю скорботи учня
and she sat silent in the oak-tree
і вона сиділа мовчазна в дубі
and she thought about the mystery of love
і вона задумалася про таємницю любові
Suddenly she spread her brown wings
Раптом вона розправила коричневі крила
and she soared into the air
і вона злетіла в повітря,

She passed through the grove like a shadow
Вона проходила по гаю, як тінь
and like a shadow she sailed across the garden
і, як тінь, вона пливла по саду
In the centre of the garden was a beautiful rose-tree

У центрі саду знаходилося красиве рожеве дерево
and when she saw the rose-tree, she flew over to it
і коли вона побачила троянду, то перелетіла до нього
and she perched upon a twig
і вона сіла на гілочку

'Give me a red rose' she cried
'Дайте мені червону троянду' вона плакала
'give me a red rose and I will sing you my sweetest song'
'дай мені червону троянду, і я заспіваю тобі свою найсолодшу пісню'
But the Tree shook its head
Але Дерево похитало головою
'My roses are white' the rose-tree answered
'Мої троянди білі' відповіла троянда

'as white as the foam of the sea'
'білий, як піна морська'
'and whiter than the snow upon the mountain'
'і біліший за сніг на горі'
'But go to my brother who grows round the old sun-dial'
'Але йди до мого брата, який росте навколо старого сонячного циферблата'
'and perhaps he will give you what you want'
'і, можливо, він дасть вам те, що ви хочете'

So the nightingale flew over to his brother
Так соловей перелетів до брата
the rose-tree growing round the old sun-dial
рожеве дерево, що росте навколо старого сонячного циферблата
'Give me a red rose' she cried
'Дайте мені червону троянду' вона плакала

'give me a red rose and I will sing you my sweetest song'
'дай мені червону троянду, і я заспіваю тобі свою найсолодшу пісню'
But the rose-tree shook its head
Але троянда похитала головою
'My roses are yellow' the rose-tree answered
'Мої троянди жовті' відповіло рожеве дерево

'as yellow as the hair of a mermaid'
'жовте, як волосся русалки'
'and yellower than the daffodil that blooms in the meadow'
'і жовтіший за нарцис, що цвіте на лузі'
'before the mower comes with his scythe'
'до того, як косарка прийде зі своєю косою'
'but go to my brother who grows beneath the student's window'
'але йди до мого брата, який росте під вікном учня'
'and perhaps he will give you what you want'
'і, можливо, він дасть вам те, що ви хочете'

So the nightingale flew over to his brother
Так соловей перелетів до брата
the rose-tree growing beneath the student's window
рожеве дерево, що росте під вікном студента
'give me a red rose' she cried
'дайте мені червону троянду' вона плакала
'give me a red rose and I will sing you my sweetest song'
'дай мені червону троянду, і я заспіваю тобі свою найсолодшу пісню'
But the rose-tree shook its head
Але троянда похитала головою

'My roses are red' the rose-tree answered
'Мої троянди червоні' відповіла троянда
'as red as the feet of the dove'
'червоні, як ноги голуба'
'and redder than the great fans of coral'
'і червоніше, ніж у великих шанувальників коралів'
'the corals that sway in the ocean-cavern'
'корали, що розгойдуються в океані-печері'
'But the winter has chilled my veins'
'Але зима охолодила мої вени'
'and the frost has nipped my buds'
'і мороз обірвав мої бутони'
'and the storm has broken my branches'
'і буря розбила мої гілки'
'and I shall have no roses at all this year'
'а троянд у мене в цьому році взагалі не буде'

'One red rose is all I want' cried the nightingale
'Одна червона троянда - це все, що я хочу' закричав соловей
'Is there no way by which I can get it?'
'Хіба немає способу, за допомогою якого я можу його отримати?'
'There is a way' answered the rose-tree'
'Є спосіб' відповіла троянда-дерево'
'but it is so terrible that I dare not tell you'
'але це так жахливо, що я не смію вам сказати'
'Tell it to me' said the nightingale
'Скажи мені це' сказав соловей
'I am not afraid'
'Я не боюся'

'If you want a red rose' said the rose-tree
'Якщо ти хочеш червону троянду' сказала троянда-дерево
'if you want a red rose you must build the rose out of music'
'якщо ви хочете червону троянду, ви повинні побудувати троянду з музики'
'while the moonlight shines upon you'
'поки місячне світло світить на тебе'
'and you must stain the rose with your own heart's blood'
'і ви повинні забруднити троянду кров'ю власного серця'

'You must sing to me with your breast against a thorn'
'Ти повинен співати мені грудьми об колючку'
'All night long you must sing to me'
'Цілу ніч ти повинен співати мені'
'the thorn must pierce your heart'
'колючка повинна пронизати ваше серце'
'your life-blood must flow into my veins'
'твоє життя-кров має текти в мої вени'
'and your life-blood must become my own'
'і твоя життєва кров повинна стати моєю власною'

'Death is a high price to pay for a red rose' cried the nightingale
'Смерть - це висока ціна, яку потрібно заплатити за червону троянду' закричав соловей
'and life is very dear to all'
'і життя дуже дороге всім'
'It is pleasant to sit in the green wood'
'Приємно сидіти в зеленому лісі'

'it is nice to watch the sun in his chariot of gold'
'приємно спостерігати за сонцем у його золотій колісниці'
'and it is nice to watch the moon in her chariot of pearl'
'і приємно спостерігати за місяцем на її колісниці з перлів'

'sweet is the scent of the hawthorn'
'солодкий аромат глоду'
'sweet are the bluebells that hide in the valley'
'солодкі дзвіночки, що ховаються в долині'
'and sweet is the heather that blows on the hill'
'а солодкий верес, що дме на пагорбі'
'Yet love is better than life'
'Але любов краща за життя'
'and what is the heart of a bird compared to the heart of a man?'
'а яке серце птаха в порівнянні з серцем людини?'
So she spread her brown wings for flight
Так вона розправила свої коричневі крила для польоту
and she soared into the air
і вона злетіла в повітря,
She swept over the garden like a shadow
Вона прокотилася над садом, як тінь
and like a shadow she sailed through the grove
і, як тінь, вона пливла по гаю

The young Student was still lying in the garden
Молодий Студент ще лежав на городі
and his tears were not yet dry in his beautiful eyes
і сльози його ще не висохли в його прекрасних очах
'Be happy' cried the nightingale
'Будь щасливий' закричав соловей

'you shall have your red rose'
'у тебе буде твоя червона троянда'
'I will make your rose out of music'
'Я зроблю твою троянду з музики'
'while the moonlight shines upon me'
'поки місячне сяйво світить на мене'

'and I will stain your rose with my own heart's blood'
'і я запляму твою троянду кров'ю власного серця'
'All that I ask of you in return is that you will be a true lover'
'Все, що я прошу від вас у відповідь, це те, що ви будете справжнім коханцем'
'for love is wiser than Philosophy, though she is wise'
'бо любов мудріша за Філософію, хоч вона мудра'
'and love is mightier than power, though he is mighty'
'і любов могутніша за владу, хоч він і могутній'

'flame-coloured are his wings'
'полум'яний колір - це його крила'
'and coloured like flame is his body'
'а кольоровий, як полум'я, його тіло'
'His lips are as sweet as honey'
'Його губи солодкі, як мед'
'and his breath is like frankincense'
'і дихання його схоже на ладан'

The Student looked up from the grass
Студент підвів очі з трави
and he listened to the nightingale
і він слухав солов'я
but he could not understand what she was saying
але він не міг зрозуміти, що вона говорить
because he only knew what he had read in books

тому що він знав лише те, що прочитав у книгах
But the Oak-tree understood, and he felt sad
Але Дуб зрозумів, і йому стало сумно

he was very fond of the little nightingale
він дуже любив маленького солов'я
because she had built her nest in his branches
тому що вона побудувала своє гніздо в його гілках
'Sing me one last song' he whispered
'Заспівай мені останню пісню' прошепотів він
'I shall feel very lonely when you are gone'
'Я буду відчувати себе дуже самотнім, коли тебе не буде'
So the nightingale sang to the Oak-tree
Так соловей заспівав до Дуба
and her voice was like water bubbling from a silver jar
і голос її був схожий на воду, що вирувала зі срібної банки

When she had finished her song the student got up
Коли вона закінчила свою пісню, студентка встала
and he pulled out a note-book
і він витягнув нотатник
and he found a lead-pencil in his pocket
і він знайшов у кишені свинцевий олівець
'She has form' he said to himself
'У неї є форма' сказав він сам собі
'that she has form cannot be denied to her'
'що вона має форму, їй не можна відмовити'
'but does she have feeling?'
'але чи є у неї почуття?'
'I am afraid she has no feeling'
'Я боюся, що у неї немає почуття'

'**In fact, she is like most artists**'
'Насправді вона, як і більшість художників'
'**she is all style, without any sincerity**'
'вона весь стиль, без будь-якої щирості'
'**She would not sacrifice herself for others**'
'Вона не пожертвувала б собою заради інших'
'**She thinks merely of music**'
'Вона думає лише про музику'
'**and everybody knows that the arts are selfish**'
'і всі знають, що мистецтво егоїстичне'

'**Still, it must be admitted that she has some beautiful notes**'
'Все-таки треба визнати, що у неї є кілька красивих нотаток'
'**it's a pity her song does not mean anything**'
Шкода, що її пісня нічого не означає'
'**and it's a pity her song is not useful**'
'і шкода, що її пісня не корисна'
And he went into his room
І він зайшов у свою кімнату
and he lay down on his little pallet-bed
і він ліг на своє маленьке ліжко-піддон
and he began to think of his love until he fell asleep
і він почав думати про свою любов, поки не заснув

And when the moon shone in the heavens the nightingale flew to the Rose-tree
А коли місяць засяяв на небі, соловей полетів до Рози-дерева
and she set her breast against the thorn
і вона поставила груди проти колючки
All night long she sang with her breast against the thorn

Цілу ніч вона співала грудьми проти колючки
and the cold crystal Moon leaned down and listened
а холодний кришталевий Місяць нахилився і прислухався
All night long she sang
Цілу ніч вона співала
and the thorn went deeper and deeper into her breast
і колючка все глибше і глибше йшла в її груди
and her life-blood ebbed away from her
і її життєва кров відпливла від неї

First she sang of the birth of love in the heart of a boy and a girl
Спочатку вона заспівала про народження любові в серці хлопчика і дівчинки
And on the topmost branch of the rose-tree there blossomed a marvellous rose
А на самій верхній гілці рожевого дерева розцвіла чудова троянда
petal followed petal, as song followed song
пелюстка пішла за пелюсткою, як пісня пішла за піснею
At first the rose was still pale
Спочатку троянда була ще бліда

as pale as the mist that hangs over the river
блідий, як туман, що нависає над річкою
as pale as the feet of the morning
блідий, як ноги ранку,
and as silver as the wings of dawn
і срібні, як крила світанку
As pale the shadow of a rose in a mirror of silver
Як бліда тінь троянди в дзеркалі срібла

as pale as the shadow of a rose in a pool of water
бліда, як тінь троянди в калюжі з водою

But the Tree cried to the nightingale;
Але Ялинка заплакала до солов'я;
'Press closer, little nightingale, or the day will come before the rose is finished'
'Натисніть ближче, маленький соловей, інакше настане день до того, як троянда закінчиться'
So the nightingale pressed closer against the thorn
Так соловей притиснувся ближче до колючки
and her song grew louder and louder
і її пісня ставала все голосніше і голосніше
because she sang of the birth of passion in the soul of a man and a maid
тому що вона співала про народження пристрасті в душі чоловіка і служниці

And the leaves of the rose flushed a delicate pink
А листя троянди вимили ніжно-рожевим кольором
like the flush in the face of the bridegroom when he kisses the lips of the bride
як рум'янець в особі нареченого, коли він цілує губи нареченої
But the thorn had not yet reached her heart
Але колючка ще не дійшла до її серця
so the rose's heart remained white
так серце троянди залишилося білим
because only a nightingale's blood can crimson the heart of a rose
тому що тільки кров солов'я може багрянити серце троянди

And the Tree cried to the nightingale;
І закричала Ялинка до солов'я;
'Press closer, little nightingale, or the day will come before the rose is finished'
'Натисніть ближче, маленький соловей, інакше настане день до того, як троянда закінчиться'
So the nightingale pressed closer against the thorn
Так соловей притиснувся ближче до колючки
and the thorn touched her heart
і колючка торкнулася її серця,
and a fierce pang of pain shot through her
і люта мука болю прострілила крізь неї

Bitter, bitter was the pain
Гіркий, гіркий був біль
and wilder and wilder grew her song
і все дикіше і дикіше росла її пісня
because she sang of the love that is perfected by death
тому що вона співала про любов, яка вдосконалюється смертю
she sand of the love that does not die in life
вона пісок любові, яка не вмирає в житті
and she sang of the love that does not die in the tomb
і вона співала про любов, яка не вмирає в гробі
And the marvellous rose became crimson like the rose of the eastern sky
А чудова троянда стала малиновою, як троянда східного неба
Crimson was the girdle of petals
Багряний був поясом пелюсток
and crimson as a ruby was the heart
а багряний, як рубін, серце було

But the nightingale's voice grew fainter
Але голос солов'я тьмянішав
and her little wings began to beat
і її маленькі крильця почали битися,
and a film came over her eyes
і на її очах з'явився фільм
fainter and fainter grew her song
тьмяна і тьмяна виросла її пісня
and she felt something choking her in her throat
і вона відчула, як щось душить її в горлі
then she gave one last burst of music
потім вона дала останній сплеск музики

the white Moon heard it, and she forgot the dawn
білий Місяць почув це, і вона забула світанок
and she lingered in the sky
і вона затрималася в небі,
The red rose heard it
Червона троянда почула це
and the rose trembled with ecstasy
і троянда тремтіла від екстазу,
and the rose opened its petals to the cold morning air
і троянда розкрила свої пелюстки холодному ранковому повітрю,

Echo carried it to her purple cavern in the hills
Ехо понесло його до своєї пурпурової печери на пагорбах
and it woke the sleeping shepherds from their dreams
і це розбудило сплячих пастухів від їхніх снів
It floated through the reeds of the river
Вона пливла по очеретах річки
and the rivers carried its message to the sea
і річки несли своє послання до моря

'Look, look!' cried the Tree
'Дивись, дивись!' закричала Ялинка
'the rose is finished now'
'троянда зараз закінчена'
but the nightingale made no answer
але соловей не відповів
for she was lying dead in the long grass, with the thorn in her heart
бо вона лежала мертва в довгій траві, з колючкою в серці

And at noon the student opened his window and looked out
А опівдні студент відчинив вікно і виглянув
'What a wonderful piece of luck! he cried
'Яка чудова удача! він плакав,
'here is a red rose!'
'ось червона троянда!'
'I have never seen any rose like it'
'Я ніколи не бачив такої троянди, як вона'
'It is so beautiful that I am sure it has a long Latin name'
'Це так красиво, що я впевнений, що має довгу латинську назву'
and he leaned down and plucked it and put on his hat
і він нахилився, і зірвав його, і надів капелюха
and he ran up to the professor's house with the rose in his hand
і він підбіг до будинку професора з трояндою в руці

The professor's daughter was sitting in the doorway
Дочка професора сиділа в дверях
she was winding blue silk on a reel
вона звивала синій шовк на мотовило,

and her little dog was lying at her feet
а її маленька собачка лежала біля її ніг
'You said that you would dance with me if I brought you a red rose'
'Ти сказав, що будеш танцювати зі мною, якщо я принесу тобі червону троянду'
'Here is the reddest rose in all the world'
'Ось найчервоніша троянда в усьому світі'
'You will wear it tonight, next your heart'
'Ти одягнеш його сьогодні ввечері, поруч зі своїм серцем'
'While we dance together it will tell you how I love you'
'Поки ми танцюємо разом, це розповість вам, як я тебе люблю'

But the girl frowned
Але дівчина насупилась
'I am afraid it will not go with my dress'
'Я боюся, що це не піде з моєю сукнею'
'Anyway, the Chamberlain's nephew sent me some real jewels'
'У всякому разі, племінник Чемберлена послав мені кілька справжніх коштовностей'
'and everybody knows jewels cost more than flowers'
'і всі знають, що коштовності коштують дорожче, ніж квіти'
'Well, you are very ungrateful!' said the Student angrily
'Ну, ти дуже невдячний!' сердито сказав Студент
and he threw the rose into the street
і він кинув троянду на вулицю
and the rose fell into the gutter
і троянда впала в жолоб,
and a cart-wheel ran over the rose

і по троянді пробіг воз-колесо

'Ungrateful!' said the girl
'Невдячна!' сказала дівчина
'Let me tell you this; you are very rude'
'Дозвольте мені сказати вам це; ти дуже грубий'
'and who are you anyway? Only a Student!'
'а хто ти взагалі? Тільки студент!'
'You don't even have silver buckles on your shoes'
'У вас навіть немає срібних пряжок на взутті'
'The Chamberlain's nephew has far nicer shoes'
'Племінник Чемберлена має набагато приємніші черевики'

And she got up from her chair and went into the house
А вона встала зі свого крісла і пішла в будинок
'What a silly thing Love is' said the Student, while he walked away
'Яка дурна річ Любов' сказав Студент, йдучи геть
'love is not half as useful as Logic; for it does not prove anything'
'любов не наполовину така корисна, як Логіка; бо це нічого не доводить'
'Love always tells of things that won't happen'
'Любов завжди розповідає про те, чого не станеться'
'and love makes you believe things that are not true'
'і любов змушує вас вірити речам, які не є істинними'
'In fact, love is quite unpractical'
'Насправді любов досить непрактична'

'in this age being practical is everything'
'в цьому віці бути практичним - це все'

'I shall go back to Philosophy and I will study Metaphysics'
'Я повернуся до філософії і вивчу метафізику'
So he returned to his room
Тож він повернувся до своєї кімнати
and he pulled out a great dusty book
і він витягнув велику запорошену книгу
and he began to read
і він почав читати

The End
Кінець

www.ingramcontent.com/pod-product-compliance
Lightning Source LLC
Chambersburg PA
CBHW011955090526
44591CB00020B/2785